正向教育
故事系列

鱷魚卡卡，
請你別着急

蘇·格雷夫斯 著　　　特雷弗·鄧頓 圖

新雅文化事業有限公司
www.sunya.com.hk

正向教育故事系列

《正向教育故事系列》全套10冊，**旨在培養孩子正向的性格強項，發揮個人潛能，活出更精彩豐盛的人生。**

在《正向教育故事系列》裏，動物們遭遇到一些孩子普遍會遇到的困境，幸好他們最後都能發揮相關的性格強項，完滿地解決事情，還得到意外驚喜。

小朋友，準備好了嗎？現在，就讓我們進入正能量世界，一起跟着

 鱷魚卡卡學**毅力**　　 大象波波學**仁慈**

 豹子達達學**團隊精神**　 長頸鹿高高學**公平**

 河馬胖胖學**正直**　　 獅子安安學**希望**

 猴子奇奇學**審慎**　　 烏龜娜娜學**勇敢**

 老虎哈哈學**自我規範**　 犀牛魯魯學**社交智慧**

每冊書末還設有**親子/師生共讀建議**，幫助爸媽和孩子說故事呢！

 升級功能

　　本系列屬「新雅點讀樂園」產品之一，若配備新雅點讀筆，爸媽和孩子可以使用全書的點讀和錄音功能，聆聽粵語朗讀故事、粵語講故事和普通話朗讀故事，亦能點選圖中的角色，聆聽對白，生動地演繹出每個故事，讓孩子隨着聲音，進入豐富多彩的故事世界，而且更可錄下爸媽和孩子的聲音來說故事，增添親子閱讀的趣味！

　　「新雅點讀樂園」產品包括語文學習類、親子故事和知識類等圖書，種類豐富，旨在透過聲音和互動功能帶動孩子學習，提升他們的學習動機與趣味！

　　家長如欲另購新雅點讀筆，或想了解更多新雅的點讀產品，請瀏覽新雅網頁 (www.sunya.com.hk) 或掃描右邊的QR code進入 新雅‧點讀樂園 。

如何使用**新雅點讀筆**閱讀故事

① 下載本故事的聲音檔案

1. 瀏覽新雅網頁(www.sunya.com.hk) 或掃描右邊的QR code 進入 新雅·點讀樂園 。

2. 點選 下載點讀筆檔案 ▶ 。

3. 依照下載區的步驟說明，點選及下載《正向教育故事系列》的聲音檔案至電腦，並複製至新雅點讀筆的「BOOKS」資料夾內。

② 點讀故事和選擇語言

啟動點讀筆後，請點選封面，然後點選書本上的故事文字或說話的人物，點讀筆便會播放相應的內容。如想切換播放的語言，請點選每頁左上角的 粵 ☆ 普 圖示，當再次點選內頁時，點讀筆便會使用所選的語言播放點選的內容。

語言圖示說明

粵 粵語 朗讀故事　☆ 粵語 講故事　普 普通話 朗讀故事

❸ 播放整個故事

如想播放整個故事請點選下面的圖示：

❹ 製作獨一無二的點讀故事書

爸媽和孩子可以各自點選以下圖示，錄下自己的聲音來說故事！

1️⃣ 先點選圖示上爸媽錄音 或 孩子錄音 的位置，再點 OK，便可錄音。

2️⃣ 完成錄音後，請再次點選 OK，停止錄音。

3️⃣ 最後點選 ▶ 的位置，便可播放錄音了！

4️⃣ 如想再次錄音，請重複以上步驟。注意每次只保留最後一次的錄音。

爸媽請使用
這個圖示錄音

孩子請使用
這個圖示錄音

　　鱷魚卡卡十分沒耐性。在長頸鹿舉行生日會那一天，她不斷問媽媽是時候出發了嗎？媽媽請她保持耐性，耐心地等一等。

星期一，大鳥老師問大家在周末做了些什麼，她請同學們輪流發言。

但卡卡實在太興奮了，她等不及，不斷打斷別人。大鳥老師生氣了，她說打斷別人說話是非常不禮貌的。

在數學課堂時，大鳥老師請大家小心地做加數題目，她提醒大家不要心急。

卡卡喜歡做加數。她想知道自己能做得有多快，她忘了要小心地做，結果全都做錯了！

休息時，天下起雨來，大家都留在室內玩桌上遊戲。卡卡喜歡玩桌上遊戲，可還沒輪到她，她就等不及了。

當輪到猴子時，卡卡把骰子搶了過來。更不得了的是，她不小心把棋盤撞翻了。大家都因為卡卡破壞了遊戲而生氣。

遊戲過後，大鳥老師請卡卡和河馬一起為圖畫填色。河馬非常小心地在圖畫內填上顏色。但卡卡卻沒耐性完成，顏色全都亂七八糟。

　　大鳥老師說這圖畫不夠整潔，不能夠張貼在
壁報板上。河馬很失望，他說卡卡應該多一點耐
性。

　　第二天，大鳥老師說大家將會為爸爸媽媽製作陶器。她請大家要小心地做，一定要等到盆子乾了才能塗上顏料。

　　但卡卡一想到能給媽媽做盆子，實在太高興了，她沒有慢慢地做，她做得很快，結果做出來的盆子形狀古怪。

　　卡卡沒有等到盆子乾了便塗上顏料，結果顏料都脫落了，弄得亂七八糟。她很傷心。

卡卡去找大鳥老師。老師問她當初應該怎樣做。卡卡細想了一會。她說她應該慢慢來，她應該多一點耐性，她應該等到盆子乾了才塗上顏料。

20

　　大鳥老師説，耐心一點和小心一點，總好過急着來把事情弄得亂七八糟。卡卡説她將來會嘗試多一點耐性。

　　那天下午，大鳥老師說大家將會製作小船模型，完成後可在學校的池塘裏放船。老師要求兩人一組。卡卡想和河馬一起，河馬很擔心。他對卡卡說：「你要非常小心啊。」卡卡答應了。

大鳥老師給每一組派發說明，她說同學們要輪流進行各項工作。

卡卡和河馬非常努力。卡卡盡可能保持耐性，她小心地向河馬讀出說明。

她又小心地把模型的不同部分分類。

河馬將模型的不同部分黏在一起時，卡卡耐心地在旁邊等候。

他們一起耐心地等待膠水乾透。

然後，卡卡為小船塗上顏色。她慢慢地塗色，效果非常好。她和河馬一起靜待顏料乾透。

最後，卡卡耐心地看着河馬將船帆安裝到小船上。

大家都將自己做的小船放到池塘裏。所有小船都成功航行，而卡卡和河馬所做的小船航行得最快。卡卡很是高興，她對老師説，有耐性地做事比起因趕急而弄糟事情感覺好多了。河馬説，和有耐性的同學合作感覺很好呢。

認識正向心理學的 24 個性格強項

正向心理學之父馬丁・賽里格曼 (Martin Seligman) 與其他學者合作，研究出一套以科學驗證為基礎的正向心理學理論，提出每人都能培育及運用所擁有的性格強項，活出更豐盛的人生。

正向心理學中的性格強項分成 6 大美德 (Virtues)，共 24 個性格強項 (Character Strengths)。只要我們好好運用性格強項和應用所累積的正向經驗，日後無論是在順境或逆境中，我們仍然能從中獲得快樂及寶貴的經驗。

現在，一起來認識 24 個性格強項：

智慧與知識
(Wisdom & Knowledge)
喜愛學習 (Love of Learning)
開明思想 (Judgement)
洞察力 (Perspective)
創造力 (Creativity)
好奇心 (Curiosity)

勇氣
(Courage)
正直 (Honesty)
勇敢 (Bravery)
熱情與幹勁 (Zest)
毅力 (Perseverance)

節制
(Temperance)
謙遜 (Humility)
審慎 (Prudence)
寬恕 (Forgiveness)
自我規範 (Self-regulation)

24個
性格強項

公義
(Justice)
公平 (Fairness)
團隊精神 (Teamwork)
領導才能 (Leadership)

靈性與超越
(Transcendence)
希望 (Hope)
感恩 (Gratitude)
幽默感 (Humour)
靈修性 (Spirituality)
對美麗和卓越的欣賞
(Appreciation of Beauty and Excellence)

仁愛
(Humanity)
愛 (Love)
仁慈 (Kindness)
社交智慧 (Social Intelligence)

故事中主角所發揮的性格強項

　　鱷魚卡卡永遠等不及所有事情。她總是在打擾別人、打斷別人的說話、急匆匆地做事，結果把所有事情都弄得亂七八糟！

　　後來，在大鳥老師的提醒下，卡卡發揮了**毅力**的性格強項。她**專注地**、**有耐性地**跟河馬合作，終於成功做出了一艘小船，而且小船還比其他同學的航行得更快呢！**毅力**為卡卡帶來了**成功感**，也給予她**動力**去做好其他事情呢！

親子 / 師生共讀建議

讀完故事後，和孩子談談這本書：

① 與孩子談談故事的情節，鼓勵孩子按時間順序複述故事的情節。

② 與孩子談談卡卡的不耐煩。請孩子想一想是否曾經等不及自己的生日呢？當我們等待令人興奮的事情發生時，是否覺得時間似乎過得太慢嗎？

③ 與孩子談談在別人説話時等待的重要性。為什麼不能打斷別人呢？如果他們在解釋某些事情時被別人打斷，他們會有何感想？

④ 在開初的時候，卡卡是故意表現粗魯嗎？還是因為她過度興奮而表現出急躁呢？

⑤ 與孩子談談卡卡和河馬合作完成任務的部分。為什麼與他人合作很重要？孩子認同這一點嗎？孩子有試過和朋友一起完成任務嗎？邀請孩子分享他的經驗。

⑥ 把孩子分成兩人一組。為每組提供填色圖畫，並請他們決定每個人負責填色的部分。提醒他們必須合作，盡力並小心翼翼地為圖畫填上顏色。

正向教育故事系列（修訂版）

鱷魚卡卡，請你別着急

作　　者：蘇·格雷夫斯（Sue Graves）
繪　　圖：特雷弗·鄧頓（Trevor Dunton）
翻　　譯：馬烔烔
責任編輯：黃花窗、趙慧雅
美術設計：蔡學彰
出　　版：新雅文化事業有限公司
　　　　　香港英皇道499號北角工業大廈18樓
　　　　　電話：（852）2138 7998
　　　　　傳真：（852）2597 4003
　　　　　網址：http://www.sunya.com.hk
　　　　　電郵：marketing@sunya.com.hk
發　　行：香港聯合書刊物流有限公司
　　　　　香港荃灣德士古道220-248號荃灣工業中心16樓
　　　　　電話：（852）2150 2100　傳真：（852）2407 3062
　　　　　電郵：info@suplogistics.com.hk
印　　刷：中華商務彩色印刷有限公司
　　　　　香港新界大埔汀麗路36號
版　　次：二〇二〇年九月初版
　　　　　二〇二三年三月第四次印刷